RAPPORT

SUR LA LOI DU 6 FÉVRIER 1893

RELATIVE AU RÉGIME

DE LA SÉPARATION DE CORPS

Présenté à la conférence dans sa séance du 4 avril 1893

PAR

Louis **THIÉNOT**

PRINCIPAL CLERC DE NOTAIRE A PARIS

Publié simultanément, avec quelques modifications, dans la
REVUE CRITIQUE DE LÉGISLATION ET DE JURISPRUDENCE.

PARIS

LIBRAIRIE COTILLON

F. PICHON, SUCCESSEUR. IMPRIMEUR-ÉDITEUR,

Libraire du Conseil d'État et de la Société de législation comparée

24, RUE SOUFFLOT, 24.

1893

CONFÉRENCE NEVEU

RAPPORT

SUR LA LOI DU 6 FÉVRIER 1893

RELATIVE AU RÉGIME

DE LA SÉPARATION DE CORPS

Présenté à la conférence dans sa séance du 4 avril 1893

PAR

Louis THIÉNOT

PRINCIPAL CLERC DE NOTAIRE A PARIS

Publié simultanément, avec quelques modifications, dans la
REVUE CRITIQUE DE LÉGISLATION ET DE JURISPRUDENCE.

PARIS

LIBRAIRIE COTILLON

F. PICHON, SUCCESSEUR, IMPRIMEUR-ÉDITEUR,

Libraire du Conseil d'Etat et de la Société de législation comparée

24, RUE SOUFFLOT, 24.

1893

RAPPORT

PRÉSENTÉ A LA CONFÉRENCE NEVEU LE 4 AVRIL 1893

SUR LA LOI DU 6 FÉVRIER 1893

RELATIVE

AU RÉGIME DE LA SÉPARATION DE CORPS

Mes chers Camarades,

Un véritable commentaire approfondi et complet de la loi du 6 février 1893 sur le régime de la séparation de corps ne peut guère entrer dans le cadre restreint d'un de nos rapports mensuels.

D'ailleurs, ce ne peut être l'œuvre que de quelque jurisconsulte exercé, capable de traiter ce sujet avec ampleur et surtout avec autorité.

Cependant, qu'il nous soit permis de faire une simple étude sur cette loi dont la portée n'a pas encore été bien fixée et qui soulève tant de questions intéressant la pratique notariale.

BUT ET ORIGINE DE LA LOI.

Le projet primitif de cette loi destinée à améliorer le régime de la séparation de corps fut présenté au Sénat par MM. Allou, Batbie, Denormandie et Jules Simon en juin 1884, c'est-à-dire au moment même où se discutait ardemment et où allait être voté le rétablissement du divorce.

On fit aussitôt cette objection qu'en présence du divorce, qui est la délivrance complète pour les époux malheureux, il était surperflu de conserver le régime de la séparation de corps qui laisse enchaînés par des liens très gênants des époux décidés à faire cesser complètement leur vie commune et à devenir aussi étrangers que possible l'un à l'autre. Le divorce devait suffire.

Toutefois les plus ardents défenseurs de la loi du divorce furent contraints eux-mêmes de reconnaître que ce remède, si souverain, qu'ils offraient à tous les époux auxquels pesait la vie commune, répugnait à un grand nombre d'entre eux qui ne consentiraient jamais à en user. Ils admirent que le régime de la séparation de corps devait être conservé comme la seule ressource des époux qui demandent à faire cesser la communauté d'existence, et qui cependant refusent l'affranchissement complet que leur procurerait le divorce, parce qu'il choque leurs sentiments les plus délicats et qu'il est condamné par leurs croyances.

Mais, en maintenant le régime de la séparation de corps, il y avait urgence à le modifier. Ainsi que l'a fait remarquer Allou au Sénat, la situation des époux séparés de corps, telle qu'elle a été organisée par le Code civil, était fort pénible, surtout pour la femme; de plus cette situation devait devenir plus pénible encore pour elle à dater du jour de l'application de la loi du divorce. La femme séparée de corps trouverait alors sa situation d'autant plus intolérable qu'elle aurait le spectacle d'autres femmes recouvrant la liberté absolue par l'effet du divorce.

Le but de la loi nouvelle a donc été de desserrer quelque peu les liens du mariage en faveur de ceux qui, tout en les trouvant pénibles, ne demandent pas à les rompre complètement et surtout ne se croient pas permis de se dégager du lien de la fidélité. La séparation de corps, a-t-on dit et répété, sera le divorce des catholiques.

Nous ne rappelerons pas toutes les péripéties et les transformations pourtant si curieuses par lesquelles a passé cette loi qui vient enfin d'être votée après plus de 8 ans d'enfantement. Notons-en cependant les phases principales.

Le premier projet de loi comportait, outre les questions relatives à la séparation de corps, la création de nouvelles nullités de mariage. Ce premier projet ne fut discuté au Sénat qu'en juin 1885. Après trois séances dans lesquelles ce projet fut complétement bouleversé, la question s'égara et la discussion devint assez confuse ; enfin le Sénat dut renvoyer le projet à l'examen du Conseil d'État.

Le Conseil d'État, après examen, prit, en février 1886, le parti d'écarter tout changement dans la législation concernant les nullités du mariage ; et, avec les débris du projet brisé par le Sénat, il reconstitua un projet nouveau concernant uniquement la séparation de corps.

En janvier 1887, le Sénat discuta ce nouveau projet qu'il modifia très sensiblement.

Le projet adopté par le Sénat fut présenté à la Chambre des députés, qui ne le discuta qu'en juin 1892 seulement, et adopta un autre projet se rapprochant davantage du texte proposé par le Conseil d'État.

Enfin, au mois d'octobre 1892, une nouvelle discussion s'ouvrit au Sénat sur le texte adopté par la Chambre.

Finalement, le projet de la Chambre des députés prévalut.

Dans l'examen qui va suivre de chacun des points importants de la loi nous signalerons les principaux arguments produits et les différentes solutions adoptées successivement au cours de ces longues discussions ; car les discussions préparatoires mettent parfois en pleine lumière des articles obscurs à première vue. Malheureusement, il faut reconnaître que, sur certaines questions très importantes, la discussion de la loi a été trop brumeuse et trop diffuse elle-même pour projeter une clarté bien vive et bien nette sur les points obscurs du texte.

La loi du 6 février 1893 comporte quatre points intéressants concernant :

1º Le domicile légal de la femme séparée de corps.

(Art. 1er de la loi qui complète l'art. 108 du Code civil).

2º La propriété du nom des époux divorcés et du nom des époux séparés de corps.

(Art. 2 qui complète l'art. 299 du Code civil — et 1er alinéa du nouvel art. 311 du Code modifié par l'art. 3e de la loi).

3º La capacité civile de la femme séparée de corps.

(2e et 3e alinéas du nouvel art. 311 du Code civil).

4° Les effets de la cessation de la séparation de corps dûment constatée.

(4e alinéa du nouvel art. 311).

Indiquons de plus qu'en vertu de la loi nouvelle :

1° Le pourvoi est suspensif pour les jugements de séparation de corps comme pour ceux de divorce (disposition qui a été insérée dans l'art. 248 au titre du divorce, avec cette observation faite par le rapporteur au Sénat que l'art. 248, quoique placé au titre du divorce, était également applicable en entier à la séparation de corps).

2° Toutes les dispositions de la loi sont applicables même aux séparations de corps prononcées lors de sa promulgation ;

3° Et ces dispositions sont applicables dans les colonies où les articles modifiés sont en vigueur.

Mais ces points se passent de commentaire.

DOMICILE LÉGAL DE LA FEMME SÉPARÉE DE CORPS,

(Art. 188 nouveau. — Art. 1ᵉʳ de la loi).

L'art. 1ᵉʳ de la loi règle la question du domicile légal de la femme séparée de corps, il est ainsi conçu :

Art. 1ᵉʳ. — L'art. 108 du Code civil est complété ainsi qu'il suit :

« La femme séparée de corps cesse d'avoir pour domicile légal
« le domicile de son mari.

« Néanmoins, toute signification faite à la femme séparée, en
« matière de questions d'état, devra également être adressée au
« mari à peine de nullité. »

La disposition du premier alinéa n'est que la consécration législative de la jurisprudence qui depuis longtemps décidait formellement que la femme séparée de corps a un domicile distinct de celui de son mari (V. arrêt de cassation du 9 août 1872). C'est là au reste une conséquence nécessaire de la séparation de corps. Comment la femme séparée de corps pourrait-elle être réputée avoir son principal établissement chez son mari, c'est-à-dire en un lieu qu'elle a été autorisée à quitter et où d'autre part, le voulût-elle, elle n'a pas le droit d'habiter, d'où elle pourrait être expulsée si elle s'y présentait ?

En ce qui concerne les significations à faire à la fois au domicile de la femme et à celui du mari, il s'est élevé un débat qui n'était que la conséquence des divergences qui ont existé au sujet de l'extension à donner à la capacité civile de la femme séparée de corps. Et c'est à bon droit que l'un des orateurs au Sénat déclarait qu'il était impossible de voter sur cette question des significations avant d'avoir tranché la question de la capacité de la femme séparée de corps.

Nous verrons que dans le premier projet de loi la femme séparée de corps ne pouvait rien faire sans l'autorisation de justice, et que de plus le mari avait le droit d'intervenir pour s'opposer à l'autorisation demandée. Aussi, dans ce premier projet, exigeait-on que toute signification faite à la femme séparée de corps fût faite également à son mari.

Lorsque le Sénat se décida ensuite à accorder la pleine capacité civile sans aucune autorisation, mais seulement à la femme ayant obtenu à son profit le jugement de séparation de corps, il maintint l'obligation de faire au mari les significations intéressant la femme séparée de corps, même lorsque la femme a obtenu la séparation à son profit.

Mais les partisans de la pleine capacité civile pour toute femme séparée de corps sans distinction ayant fait prévaloir leur opinion, ainsi que nous le verrons, firent décider qu'il était inutile de signifier au mari des actes auxquels il devait rester complétement étranger, qui étaient dispensés de son approbation, et à l'exécution desquels il ne pouvait s'opposer.

Et l'on s'est borné à exiger la signification au mari en matière de questions d'état, en raison de leur importance exceptionnelle. L'intérêt supérieur de la famille, des enfants, exige que, même après la séparation de corps, il ne puisse être statué sur des questions concernant l'état civil de la femme, par exemple son adoption, sa légitimation, etc., sans que le mari, chef de la famille, soit averti et mis en mesure d'intervenir.

NOM DES ÉPOUX DIVORCÉS.

Art. 299 nouveau du Code civil. — Art. 2 de la loi.

NOM DES ÉPOUX SÉPARÉS DE CORPS.

(1er alinéa du nouvel art. 311 du Code civil).

Les changements de nom auxquels le divorce et la séparation de corps peuvent donner lieu pour la femme et même dans certaines circonstances pour le mari ont suscité des débats parlementaires fort longs et parfois assez vifs.

Il est un point sur lequel l'accord est unanime.

Si le nom du mari a été flétri, déshonoré, il est cruel d'obliger la femme divorcée ou séparée de corps de continuer à porter un nom qui n'est pas le sien, un nom qu'elle ne portait que comme conséquence de la communauté d'existence qui s'était établie entre elle et son mari. Cette communauté de la vie ayant cessé, pourquoi infliger à la femme la lourde obligation de conserver un nom flétri, lui rappelant une union qui est brisée?

Si c'est la femme qui déshonore le nom du mari, si par exemple la séparation de corps a été prononcée contre elle pour faits d'inconduite notoire, il est cruel pour le mari de voir cette femme continuer à déshonorer son nom, alors qu'il ne peut même plus surveiller ses agissements, alors qu'il a perdu toute influence sur elle et tout droit de surveillance.

Pour porter remède à cette situation, on proposa : de donner au tribunal la faculté d'autoriser, ou d'obliger, suivant le cas, la femme séparée de corps à reprendre son nom de famille ; et de donner aussi au tribunal la faculté d'interdire au mari l'usage du nom de sa femme, au cas où il l'aurait adjoint au sien ; enfin de consacrer la jurisprudence en décidant que par l'effet du divorce la femme reprenait de plein droit l'usage de son nom. Cette solution finit par être adoptée, mais non sans difficultés.

Toutes les remarques et les objections que peut soulever cette proposition ont été formulées et développées au cours de la discussion qu'elle a eu à subir au Sénat. Rappelons-les succinctement.

Plusieurs orateurs, M. Brisson entre autres, développèrent assez brillamment cette thèse qu'il était inutile de faire une loi pour rendre à la femme divorcée ou séparée de corps son nom patronymique, puisqu'aucun texte de loi ne la prive de son nom pour lui imposer celui de son mari pendant le mariage ; que si, en fait, la femme prend le nom de son mari, c'est en vertu des usages sociaux, par nécessité pratique, et non en exécution d'une obligation légale ; qu'au point de vue de la loi, la femme ne perdant pas son nom patronymique, il n'y a pas à légiférer pour lui rendre un nom qui n'a jamais cessé d'être le sien.

Cette fin de non-recevoir fut écartée avec raison.

Aucun texte de loi, il est vrai, n'oblige la femme à porter le nom de son mari, mais la raison en est qu'un texte sur ce sujet a paru inutile. Il est impossible d'admettre qu'une femme se marie sans prendre le nom de son mari, c'est une conséquence du mariage pendant lequel la femme se trouve associée complétement à la position et aux honneurs de son mari. On citait cet exemple pour prouver combien au point de vue du nom et de la situation la femme est identifiée à son mari : n'appelle-t-on pas la femme d'un général, d'un amiral, Mme la générale, Mme l'amirale ?

La femme conserve le nom de son mari même après la mort de celui-ci, tellement ce nom est bien devenu le sien.

Un usage aussi universel, aussi constant, fondé sur la raison, a autant de force qu'une loi.

Et pour que la femme divorcée ou séparée de son mari puisse rompre avec cet usage qui a force de loi, pour qu'officiellement elle puisse rejeter le nom de son mari, il lui faut s'appuyer sur une loi.

Cette première fin de non-recevoir écartée, une autre a été présentée.

Mais, a-t-on dit, dans tous les actes publics, dans les jugements, dans les actes notariés, on ne pourra nommer la femme séparée de corps, sans rappeler son état de femme mariée et le nom de son mari.

Par conséquent, défendre à la femme de porter le nom de son mari, comme l'autoriser à ne pas le porter, est une prescription sans efficacité aucune. Elle sera inapplicable dans les actes de la vie civile où le nom du mari continuera à figurer, et quant aux autres ils échappent par leur nature à l'action du législateur. Comment empêcher une femme de se faire appeler de tel ou tel nom dans ses relations sociales? Ce serait là, a dit assez plaisamment M. Brisson, légiférer sur une question de cartes de visite.

Cette objection comme la première a été repoussée. Certes, dans quelques actes de la vie civile concernant la femme séparée de corps, il sera utile de rappeler le nom de son mari, aucune loi ne peut l'interdire. Mais étant donné que la femme séparée de corps recouvre, ainsi que nous allons le voir, sa pleine capacité civile, on pourra se dispenser de rappeler le nom du mari dans le plus grand nombre des actes de la vie civile, en tout cas, on le pourra toujours dans le cours de la vie habituelle.

Enfin, on a fait valoir que ce changement de nom résultant du divorce ou de la séparation de corps pourrait causer un préjudice considérable aux femmes commerçantes.

Pendant le mariage une femme a pu créer et maintenir une maison de commerce qui n'existe que grâce à son travail et à son industrie personnelle. Le sénateur Boulanger a cité l'exemple d'un commerce de modes ou de lingerie. Pour ce genre de commerce, ainsi que pour bien d'autres, il n'existe pas d'enseigne spéciale, la maison de commerce n'est connue que sous le nom de celle qui en est propriétaire. Si le nom change, le public croit à un changement de propriétaire et une partie de la clientèle est perdue. Ce nom peut avoir une valeur commerciale considérable. La femme séparée de corps ou divorcée qui perdra le droit de porter ce nom subira donc injustement une perte pécuniaire très importante.

Il a été question, pour parer à cette éventualité fâcheuse, de conférer aux tribunaux la faculté d'autoriser la femme divorcée à continuer de porter le nom de son mari pour les besoins de son commerce, l'exercice de sa profession. Mais n'y aurait-il pas eu dans cette mesure une atteinte aux droits du mari? Car en cas de faillite de la femme, le mari, alors qu'il n'a plus aucun intérêt commun avec elle, subirait en partie les conséquences de cette faillite par l'atteinte portée à son nom.

Il faut considérer que le cas de la femme exerçant un commerce sous le nom de son mari n'est qu'une exception, que d'ailleurs la situation faite à cette femme par la privation du nom de son mari n'est pas aussi désastreuse qu'on l'a prétendu. Ne peut-elle pas conserver le nom de son mari pour désigner la maison de commerce, comme le ferait un acquéreur du fonds, sous cette forme « maison de modes de Mme X... » ? Elle ne pourra plus il est vrai signer du nom de son mari, mais il lui est facile d'expliquer dans des circulaires que la maison est toujours la même, dirigée par la même personne, que la signature seule est changée.

Finalement, malgré les luttes les plus vives, la réforme proposée fut adoptée dans les termes suivants :

Art. 2. — L'art. 299 du Code civil est complété ainsi qu'il suit :

« Par l'effet du divorce chacun des époux reprend l'usage de
« son nom. »

Ce texte paraît bien naïf : on ne peut s'empêcher de sourire en lisant cette phrase qui nous montre un mari reprenant un nom qu'il n'a jamais perdu.

Le rédacteur de cet article avait probablement en vue la situation spéciale du mari qui lors de son mariage a adjoint à son nom celui de sa femme, ce qui est usité dans certaines régions.

Dans le texte proposé par le Conseil d'État il y avait un mot de plus. Ce texte était « chacun des époux reprend l'usage exclusif de son nom. » Ce mot « exclusif » qui a été supprimé peut mettre sur la voie pour découvrir la pensée du législateur. Il a dû avoir l'intention de dire que la femme reprendrait l'usage de son nom et que le mari reprendrait également l'usage du sien dans le cas où il l'aurait en quelque sorte perdu, lui aussi, en le modifiant, en prenant un nom nouveau composé du sien et de celui de sa femme ; que le mari après le divorce n'aurait plus que l'usage de son nom seul, à l'exclusion de celui de sa femme.

Il est singulier d'être obligé de se livrer à des recherches aussi subtiles pour pouvoir trouver un sens à cet art. 2.

Le texte relatif à la reprise par la femme séparée de corps de son nom patronymique, beaucoup mieux conçu, est placé au commencement du nouvel art. 311 du Code civil. Donnons-en lecture :

« Art. 3. — L'art. 311 du Code civil est remplacé par les dis-
« positions suivantes :

« Art. 311. — Le jugement qui prononce la séparation de
« corps ou un jugement postérieur peut interdire à la femme de

« porter le nom de son mari, ou l'autoriser à ne pas le porter.
« Dans le cas où le mari aurait joint à son nom le nom de sa
« femme, celle-ci pourra également demander qu'il soit interdit
« au mari de le porter.

CAPACITÉ DE LA FEMME SÉPARÉE DE CORPS.

(2e et 3e alinéas du nouvel art. 311 du Code civil).

La question de changement de nom, qui a donné lieu à des tour-nois oratoires assez intéressants, ne figurait même pas dans le pre-mier projet de la loi. Le point essentiel de la loi nouvelle, celui qui nous intéresse le plus dans la pratique des affaires, c'est la question de la capacité civile de la femme séparée de corps.

Comme c'est de la solution de cette question que dépendait le parti à prendre au sujet des significations concernant la femme séparée de corps à faire au domicile du mari, nous avons dû déjà à ce propos jeter un coup d'œil sur cette question de la capacité civile de la femme séparée de corps et nous avons entrevu les dif-ficultés auxquelles elle a donné lieu.

Nous devons maintenant nous rendre compte des motifs de l'im-portante réforme opérée en cette matière, passer rapidement en revue les phases de la discussion à laquelle elle a donné lieu et surtout les principaux arguments produits pour ou contre, afin de nous pénétrer de son esprit et donner s'il est possible une solution aux questions que le texte seul ne suffirait pas à trancher.

On considérait généralement comme une vexation et une injus-tice envers la femme séparée de corps l'obligation où elle était jadis de s'adresser à son mari pour obtenir des autorisations rela-tives à l'administration de ses biens. C'était pour la femme une démarche humiliante et aussi une entrave gênante, très nuisible à ses intérêts.

La faculté de s'adresser à justice n'était pas un palliatif suffisant en raison des frais et des lenteurs qui sont les accessoires obligés de toute décision judiciaire. Il peut y avoir urgence à faire cer-taines opérations, à vendre des valeurs susceptibles de baisser ; avec les lenteurs de l'autorisation judiciaire, tout peut être compromis. A tel point qu'on a cité des cas où, pour éviter d'avoir à s'adresser à la justice, la femme préférait acheter l'autorisation de son mari qui la vendait à beaux deniers comptants.

Ce désir pour la femme de s'affranchir de toute dépendance envers son mari, lorsque la vie commune a cessé, poussait bien des femmes à demander le divorce qu'elles réprouvaient, au lieu de se contenter de la séparation de corps ; leur intention n'étant autre que d'obtenir simplement les effets de la séparation de corps avec plus de liberté pour la gestion de leurs intérêts pécuniaires, sans aucune pensée de remariage.

On faisait aussi valoir que moins les époux séparés auraient d'intérêts à débattre, moins ils auraient échangé de papier timbré pendant leur séparation, plus le rapprochement, la réconciliation seraient possibles.

Tout en reconnaissant la légitimité de ces réclamations formulées au nom des femmes séparées de corps, le Sénat tenta tout d'abord de n'y donner satisfaction que dans une mesure très restreinte, pour cette raison que le mariage subsistant après la séparation de corps, l'autorité maritale, conséquence nécessaire du mariage, doit subsister, au moins en partie, que si la vie commune a cessé, un certain nombre d'intérêts communs subsistent : le droit pour chaque époux à des aliments en cas de besoin, le droit éventuel aux gains de survie, l'obligation commune d'élever les enfants ; que par suite le mari doit pouvoir veiller à ce que la femme ne dissipe pas son patrimoine.

Aussi, dans le premier projet présenté au Sénat, on se contentait pour améliorer le sort de la femme séparée de corps de lui permettre, pour toutes les autorisations qui lui sont nécessaires, de s'adresser, à son choix, soit à son mari, soit directement au tribunal ; et encore avec cette restriction, déjà signalée, que la requête à fin d'autorisation devrait être dénoncée au mari qui aurait le droit d'intervenir. Cette restriction était motivée sur ce que le tribunal ne serait pas toujours à même de deviner les véritables motifs de la demande d'autorisation, et qu'il serait bon que le mari pût arrêter des combinaisons condamnables et empêcher des libéralités de mauvaise origine.

Le Sénat se rallia ensuite à une autre solution qui est celle adoptée par la législation italienne. C'est la pleine capacité civile, la liberté absolue quant aux intérêts pécuniaires accordée à la femme qui a obtenu à son profit la séparation de corps, et toutes les entraves de l'autorisation maritale subsistant pour celle contre laquelle a été prononcé le jugement de séparation. Le motif invoqué en faveur de cette disposition est que les intérêts communs plus haut indiqués, qui subsistent même après la séparation de corps, ne peuvent être laissés à la merci de la femme qui a été condamnée.

A quoi on aurait pu répondre que la femme contre laquelle a été prononcée la séparation, peut être beaucoup plus intelligente en affaires et savoir gérer sa fortune beaucoup mieux que celle qui a obtenu gain de cause dans le procès en séparation.

Le Conseil d'Etat avait dans son projet de loi donné à cette question une solution beaucoup plus libérale, repoussée par le Sénat, mais qui fut adoptée par la Chambre des députés, et que le Sénat lui-même, lassé de la lutte, dut se résoudre à voter.

Le texte proposé par le Conseil d'Etat et qui a été définitivement adopté rend à la femme séparée de corps le plein exercice de sa capacité civile, et l'affranchit de toute autorisation du mari ou de justice.

Voici, en quelques mots, les arguments produits à l'appui de cette grave réforme.

Pendant toute la durée du mariage la femme est frappée d'une incapacité relative, presque tous les actes importants de la vie civile lui sont interdits si elle n'obtient pas l'autorisation de son mari. Mais, quelle est la raison de cette incapacité de la femme mariée, quel est le fondement de l'autorité maritale ?

L'autorité maritale, qui, à l'origine de notre droit, était analogue à celle qui existait sous le droit romain au profit du chef de famille, la *manus*, a complètement changé de caractère dans la suite des temps en raison de la modification des mœurs.

De nos jours, l'autorité maritale découle uniquement de ce principe que toute association, même de deux personnes seulement, doit avoir un chef, ou plus exactement peut-être un associé gérant responsable.

La femme à notre époque est l'égale de l'homme au point de vue du droit civil, le seul que nous ayons à considérer en ce moment. La femme majeure, célibataire, veuve ou divorcée, jouit de la plénitude de tous les droits civils : aucune incapacité ne pèse sur elle à raison de son sexe. Si donc durant le mariage la femme est frappée d'une incapacité temporaire, cette incapacité n'a pas d'autre raison d'être que la nécessité de donner une unité de direction aux affaires intéressant la société conjugale, aussi cesse-t-elle dès que le mariage est dissous par la mort ou par le divorce. Pourquoi ne cesserait-elle pas également dès que par l'effet de la séparation de corps les intérêts du mari et de la femme ont cessé d'être communs?

Après la séparation de corps, les patrimoines des époux sont bien distincts, et il n'y a plus cette communauté d'intérêts qui existe dans tout régime de mariage au moins en ce qui concerne une part des revenus à fournir pour les besoins communs. Quant à l'intérêt éventuel, problématique, que le mari peut avoir en vue d'une obligation alimentaire possible, ou d'un gain de survie, à ce que la femme ne dissipe pas son patrimoine, il ne paraît pas suffisant pour justifier le maintien d'une incapacité présentant les inconvénients qui ont été indiqués.

D'ailleurs la conservation de la fortune du mari importerait également pour assurer la situation des enfants, la pension alimentaire dont la femme pourrait avoir besoin, et ses droits éventuels à des gains de survie ; pour être logique il faudrait donc mettre le mari en tutelle sous l'autorité de justice comme la femme elle-même.

Les garanties de droit commun : l'interdiction, la nomination d'un conseil judiciaire, suffiront pour mettre fin aux imprudences et aux légèretés en affaires d'une femme inexpérimentée incapable d'administrer ses biens.

Pour toutes ces raisons, on a conclu que la femme séparée de corps ne devait plus être soumise comme par le passé au régime institué dans l'art. 1449 pour la femme séparée de biens, mais devait recouvrer la pleine capacité civile telle que la possède la femme divorcée ou la femme célibataire.

Telle est l'idée qui a prévalu.

Quant à la forme sous laquelle cette idée a été consacrée dans la loi, elle n'est guère heureuse.

On a maintenu l'ancienne disposition qui assimile au point de vue des intérêts pécuniaires la femme séparée de corps à la femme séparée de biens, laquelle ne jouit que d'une capacité des plus restreintes; et aussitôt, dans un alinéa additionnel, on détruit cette analogie en indiquant le nouveau régime réservé à la femme séparée de corps : celui de la pleine capacité.

Voici le texte adopté :

Alinéa maintenu : « La séparation de corps emporte toujours la séparation de biens ».

Disposition nouvelle : « Elle a, en outre, pour effet de rendre « à la femme le plein exercice de sa capacité civile, sans qu'elle « ait besoin de recourir à l'autorisation de son mari ou de justice. »

Ce qui revient à dire que la femme séparée de corps est assimilée à la femme séparée de biens, comme par le passé, qu'elle ne peut donc faire aucun acte un peu important sans l'autorisation de mari ou de justice, mais avec cette différence toutefois qu'elle peut tout faire, même les actes les plus graves, sans aucune -autorisation !

Cette faute de rédaction a du reste déjà été signalée et finement critiquée dans une très courte mais excellente étude faite sur la loi du 6 février 1893 au lendemain même de sa promulgation par Mᵉ Bonnet, avocat à la Cour de cassation, dans le *Journal du notariat.*

Mais ce qui est plus grave, le législateur ne paraît pas avoir compris que la grande réforme qu'il accomplissait soulevait des questions fort délicates qui méritaient examen.

Examinons ces questions :

La femme mariée recouvrant sa pleine capacité civile du jour de la séparation de corps, il eût été logique, à notre avis, de modifier la disposition de l'art. 1304 portant que la durée de dix ans donnée à l'action en nullité « ne court pour les actes passés par les femmes mariées non autorisées que du jour de la dissolution du mariage » en ajoutant à cette disposition « ou du jour de la séparation de corps ».

La prescription de l'action en nullité est suspendue pendant le mariage pour cette seule raison que la femme sous puissance du mari n'a pas la liberté d'action nécessaire pour attaquer un acte fait par elle contre la volonté ou au moins à l'insu de son mari.

Or, par l'effet de la séparation de corps la femme redevient libre quant à la disposition de ses intérêts pécuniaires et n'est plus sous la puissance ni même sous l'influence de son mari. La suspension de la prescription n'a donc plus de raison d'être dès que la séparation de corps est prononcée.

Malheureusement le législateur n'ayant pas statué sur ce point, qui a échappé à son attention, le texte de l'art. 1304 étant bien précis, il est hors de doute que la suspension de la prescription relative aux nullités pour défaut d'autorisation maritale continue même après la séparation de corps, tant que dure le mariage, bien que la cause de cette suspension de prescription n'existe plus après la séparation de corps.

Un autre question capitale, à laquelle on n'avait nullement songé lors de la discussion, s'est posée dès qu'a été promulguée la loi qui restitue à la femme séparée de corps sa pleine capacité civile. La femme antérieurement mariée sous le régime dotal se trouve-t-elle par le fait de la séparation de corps, et de la pleine capacité civile qui en est la conséquence, affranchie des obligations que lui imposait le régime dotal?

Le syndicat des agents de change en particulier s'est ému de cette question si grave, et, sur une consultation de Me Sabatié, a pris le sage parti de refuser l'aliénation sans remploi des valeurs dotales appartenant à des femmes séparées de corps. Mais cette décision a été basée plutôt sur des considérations opportunistes que sur des arguments de fond.

Les raisons qui ont pu faire penser, à tort croyons-nous, que les effets de la dotalité cessent lorsque la séparation de corps est prononcée sont les suivantes.

Sauf les immeubles composant le domaine public de l'État, tous les biens sont dans le commerce. Si parfois la loi rend un bien indisponible ou aliénable sous certaines conditions seulement, c'est par suite d'une incapacité dont est frappé le propriétaire, et dès que cette incapacité cesse les biens redeviennent librement aliénables. C'est par application de ce principe que la femme qui était mariée sous le régime dotal et qui divorce peut aliéner librement ses immeubles qui perdent tout caractère de dotalité.

Dès lors la femme séparée de corps qui, elle aussi, comme la femme divorcée, recouvre maintenant par l'effet de la nouvelle loi sa pleine capacité civile, ne doit plus être soumise à la dotalité qui lui était imposée antérieurement.

S'il était admis jusqu'à ce jour par la jurisprudence que la femme séparée restait soumise aux clauses dotales de son contrat de mariage, c'est parce qu'elle n'avait pas comme actuellement la pleine capacité civile.

L'idée bien nette du législateur, affirmée à différentes reprises en termes très clairs et très formels, a été que la femme séparée de corps devait à l'avenir jouir de la pleine capacité civile au même titre et de la même manière que la femme divorcée ou la femme célibataire, sans aucune restriction.

A quoi l'on doit répondre que raisonner ainsi c'est méconnaître le but du régime dotal et son caractère essentiel; que la dotalité, ainsi que le déclarent formellement Aubry et Rau, n'est pas une question de capacité, mais bien une question d'indisponibilité réelle; que la dotalité, créée pour assurer l'avenir de la famille, affecte réellement les biens qui en sont grevés, en les destinant exclusivement à subvenir aux besoins de la famille, et cela tant que dure le mariage.

En dispensant la femme séparée de corps de recourir à l'autorisation de son mari ou de justice pour l'administration et la disposition de ses biens, on ne lui a pas donné le droit de faire ce qu'elle ne pouvait faire antérieurement même avec l'assistance de son mari. Elle est affranchie de toute dépendance envers son mari, mais l'inaliénabilité dotale n'étant pas une conséquence de l'autorité maritale, ne disparaît pas nécessairement en même temps que cette autorité.

La femme séparée de corps n'est pas plus affranchie des règles de la dotalité imposée par son contrat de mariage, qu'elle n'est affranchie d'un droit de retour ou d'une clause de restitution qui peuvent grever ses biens. Considérons les biens dotaux comme étant, en quelque sorte, grevés de restitution au profit de la femme elle-même tant que dure le mariage.

Si l'opinion qui veut que la dotalité disparaisse lorsque la séparation de corps est prononcée venait à prévaloir, on verrait des époux mariés sous le régime dotal parfaitement unis, désireux de s'affranchir des règles de ce régime gênantes pour leurs prodigalités, qui pour y parvenir n'oseraient pas demander la divorce, mais s'empresseraient d'obtenir la séparation de corps, afin d'aliéner les biens dotaux sans remploi et dès qu'ils auraient touché le produit des aliénations, courraient chez leur notaire faire constater leur réconciliation et la reprise de la vie commune, en se riant de nos législateurs !

A notre avis on doit considérer que la dotalité survit à la séparation de corps.

C'est au moins le parti le plus prudent à prendre en pratique jusqu'à ce que les tribunaux se soient prononcés.

Etant admis que la dotalité subsiste, il se pose une autre question.

La femme séparée de corps, précédemment mariée sous le régime dotal, qui se trouve dans l'un des cas prévus par les art. 1555 et suivants du Code civil, qui veut aliéner des biens dotaux, par exemple pour l'établissement de ses enfants, pour faire des grosses réparations à un immeuble dotal, est-elle encore obligée de recourir à l'autorisation de mari ou de justice qui est exigée formellement par les articles qui nous occupent ?

D'une part, nous avons le texte formel de l'art. 311 nouveau, qui dispense la femme séparée de corps de recourir à l'autorisation de mari ou de justice.

D'autre part, on peut dire que l'autorisation maritale exigée par les art. 1555 et suivants est une des garanties essentielles destinées à assurer la conservation des biens dotaux ; que le régime dotal subsistant, cette garantie doit également subsister.

L'art. 1558 permet d'aliéner un immeuble dotal pourvu que ce soit aux enchères, et avec permission de justice pour tirer de prison le mari ou la femme, pour fournir des aliments à la famille, faire certaines grosses réparations, etc.

La femme dotale qui a obtenu la séparation de corps pourrait-elle faire une telle vente régulièrement, sans permission de justice ? Nous ne le pensons pas, parce que la loi qui nous occupe a eu pour but de supprimer pour la femme séparée de corps la nécessité de l'autorisation maritale et de l'autorisation de justice dans les cas où cette dernière autorisation suppléait celle du mari, mais qu'elle n'a certainement pas voulu supprimer la nécessité d'obtenir l'autorisation de justice dans les cas où cette autorisation est exigée non pour suppléer à l'autorisation maritale mais pour tout autre cause, notamment pour sauvegarder les biens dotaux comme dans l'art. 1558.

Ces différentes questions que soulève le nouveau régime de pleine capacité civile accordée à la femme séparée de corps n'ont pas été soupçonnées lors de la discussion de la loi, aucune allusion n'y a été faite : il est permis de le regretter.

EFFETS DE LA CESSATION DE LA SÉPARATION DE CORPS DUMENT CONSTATÉE.

(4e alinéa du nouvel article 311 du Code civil).

Le quatrième et dernier alinéa de l'art. 311 du Code civil créé par la loi nouvelle, est ainsi conçu :

« S'il y a cessation de la séparation de corps par la réconcilia-« tion des époux, la capacité de la femme est modifiée pour « l'avenir et réglée par les dispositions de l'art. 1449. Cette mo-« dification n'est opposable aux tiers que si la reprise de la vie « commune a été constatée par acte passé devant notaire avec « minute, dont un extrait devra être affiché en la forme indiquée « par l'art. 1445, et de plus par la mention en marge : 1° de « l'acte de mariage ; 2° du jugement ou de l'arrêt qui a prononcé « la séparation, et enfin par la publication en extrait dans l'un « des journaux du département recevant les publications légales. »

La publicité nouvelle donnée à l'acte qui constate la reprise de la vie commune et, par suite, le changement dans la capacité de la femme, ne peut qu'être approuvée ; mais remarquons que cette innovation ne s'applique qu'aux époux séparés de corps et de biens et non aux époux séparés de biens seulement. La réforme aurait eu les mêmes raisons d'être et eût été aussi bonne dans un cas que dans l'autre. On aurait pu compléter la publicité prescrite dans l'art. 1445 pour la femme séparée de biens, et dans l'art. 311 concernant la femme séparée de corps, se référer à l'art. 1445 ainsi complété ; il n'y a en effet aucune raison pour que la publicité soit différente, en quoi que ce soit, dans ces deux cas.

Ceci n'est qu'un point de détail, arrivons à l'innovation considérable contenue dans ce 4e alinéa du nouvel art. 311 :

En cas de réconciliation des époux dûment constatée, la capacité de la femme est modifiée pour l'avenir et réglée par les dispositions de l'art. 1449.

C'est-à-dire que la femme qui, après avoir été séparée de corps, aura fait constater la reprise de la vie commune, sera, au point de vue de la capacité civile, exactement dans la situation réservée jusqu'à ce jour à la femme séparée de corps pendant le temps de la séparation.

Le nouveau régime de séparation de corps créé par les 2e et 3e alinéas du nouvel art. 311 est tellement distinct du régime autrefois applicable à la femme séparée de corps comme à la femme séparée de biens en vertu de l'art. 1449, que, lorsque ce nouveau régime dont jouit actuellement la femme séparée de corps vient à cesser par suite de réconciliation, celui qui lui succède est précisément le régime institué par l'art. 1449.

Pourquoi en cas de réconciliation dûment constatée, la femme séparée de corps n'est-elle pas soumise de nouveau à son régime de mariage primitif, ainsi qu'il en était autrefois ?

Jadis, lorsque des époux séparés de corps reprenaient la vie commune, deux partis s'offraient à eux : ou bien rester dans le *statu quo* et continuer à vivre séparés de biens malgré la réconciliation et la reprise de la vie commune ; ou bien remplir les formalités prescrites 1451, c'est-à-dire faire constater régulièrement la reprise de la vie commune, et dans ce cas leur ancien régime de mariage rentrait en vigueur.

Actuellement, les époux, séparés de corps et réconciliés, ont encore le choix : ou bien de rester sous le régime de la séparation de corps, en ne remplissant pas les formalités voulues pour constater officiellement la reprise de la vie commune ; ou bien de faire cesser ce régime de séparation de corps en remplissant les formalités prescrites, mais, dans ce cas, la femme après avoir été soumise au régime adopté lors de son mariage, puis après avoir eu la pleine capacité donnée par l'art. 311, au lieu de retomber sous le régime librement adopté lors de son mariage, se trouvera soumise à un troisième régime matrimonial, celui de la séparation de biens judiciaire établi par l'art. 1449.

Il est fâcheux que lors de la discussion de la loi on n'ait pas donné les raisons de cette grave atteinte au principe de l'immutabilité des conventions matrimoniales. En vertu de ce principe, consacré notamment dans l'art. 1451, le même régime de mariage devait rester applicable pendant toute la durée du mariage sans aucune modification. Une seule exception était posée par l'art. 1451 lui-même ; les effets du régime adopté lors du mariage restaient suspendus pendant la durée de la séparation de corps ou de la séparation de biens ; les époux étaient, pendant ce temps et jusqu'à ce qu'il intervînt une réconciliation régulièrement constatée, régis par les dispositions de l'art. 1449 ; mais en cas de réconciliation constatée, l'ancien régime de mariage reprenait tout son effet ; toute convention contraire était nulle.

Le renversement d'une règle aussi importante valait pourtant bien la peine d'être discuté.

Il a été effectué, sans y prendre garde, sans indiquer de raisons à l'appui, avec une insouciance parfaite.

Donc, à l'avenir, après la séparation de corps, le contrat de mariage reste lettre morte, sinon complétement, du moins en grande partie, il n'y a plus de société conjugale, plus d'intérêts communs quant aux biens ; et après la reprise de la vie commune constatée, il surgit un nouveau régime de mariage, celui de la séparation de biens judiciaire.

Lorsque des époux, mariés antérieurement sous un régime quelconque autre que la séparation de biens, sous le régime de la communauté légale de biens par exemple, ont été séparés de corps, et lorsqu'ils affirment par acte public leur intention de faire cesser cette séparation, n'est-il pas extraordinaire de voir que le régime qui leur est maintenant applicable, au lieu d'être la communauté légale, est le régime tout opposé de la séparation de biens judiciaire ?

Cette innovation irréfléchie, donnant ce résultat que des époux pourront être soumis successivement à deux régimes de mariage complétement différents, ne fera-t-elle pas de la séparation de corps, suivie de réconciliation immédiate dûment constatée, un simple expédient de procédure permettant de changer de régime matrimonial ?

En outre, il y a lieu de se demander si ce régime de la séparation de biens judiciaire est obligatoire ou non dans le cas où les époux séparés font constater la reprise de la vie commune. Les époux séparés qui se réconcilient peuvent-ils, à leur choix, ou se prévaloir de l'art. 1451, en vertu duquel, dans le cas de réconcilialiation constatée, le seul régime applicable est celui auquel étaient soumis les époux lors de leur mariage, ou se prévaloir du nouvel art. 311, en vertu duquel, dans ce même cas, le seul régime applicable est celui de la séparation de biens. Nous estimons qu'ils ne peuvent avoir ce choix, que le nouvel art. 311 seul peut être invoqué et que le régime de la séparation de biens seul est applicable, parce que nous sommes en présence de deux textes contradictoires, et que le texte le plus récent abroge le texte ancien.

Mais c'est une opinion qui n'est pas partagée par tous.

Dans son travail précité, M. Bonnet, au contraire, tout en reconnaissant que ces deux textes prêtent à équivoque, est d'avis qu'ils ne s'excluent pas l'un l'autre et que l'intention du législateur a été de laisser le choix aux intéressés, malgré les termes de l'art. 311 qui ne paraissent guère faire allusion à une alternative.

C'est là une des nombreuses difficultés nées de la loi nouvelle, que les tribunaux auront prochainement à examiner, et qu'aurait dû éviter la clairvoyance du législateur.

Nous avons du reste à reprocher à la loi nouvelle une série d'autres oublis et d'autres contradictions des plus graves.

CHANGEMENT DANS LA MÉTHODE DU CODE CIVIL.
CONTRADICTION DES TEXTES.

L'art. 311 est placé dans le Code civil au livre 1er, titre 6, chapitre 5e; c'est-à-dire dans un chapitre où, avant la loi nouvelle, il était traité exclusivement des causes de la séparation de corps, des conditions dans lesquelles elle est prononcée, de la répression pénale qui peut frapper l'époux coupable, enfin de la conversion de la séparation en divorce. L'ancien texte de l'article 311 qui termine ce chapitre, en édictant que la séparation de corps entraînait la séparation de biens, annonçait, il est vrai, les effets de la séparation de corps, mais il n'en donnait pas le développement : c'était une transition, un renvoi au chapitre où il était traité des effets communs de la séparation de corps et de la séparation de biens.

Pour connaître les effets de la séparation de corps ainsi que ceux de la séparation de biens en ce qui concerne la capacité civile des époux séparés, de même que les effets du rétablissement de la vie commune, il fallait autrefois se reporter à une série d'articles compris au livre 3e, titre 5, chapitre 2, 1re partie, 3e section ; c'est-à-dire au titre qui traite des droits respectifs des époux et à la section qui a pour objet les conséquences de la dissolution de la communauté.

Dans le projet primitif de la loi nouvelle on avait respecté cet ordre, et la réforme concernant la capacité civile de la femme séparée de corps devait être insérée dans l'art. 1449. Lorsque le Conseil d'Etat modifia cette réforme dans un sens plus large, il la fit figurer dans l'art. 311, sans indiquer les motifs de ce déplacement. Les autres réformes proposées depuis concernant le rétablissement de la vie commune furent également introduites dans l'art. 311.

Pourquoi ces différentes réformes se trouvent-elles introduites dans l'art. 311, alors que les dispositions anciennes qu'elles remplacent se trouvent dans les art. 1449 et 1451 ?

Si les auteurs de ce bouleversement ont trouvé mauvaise la méthode adoptée par les rédacteurs du Code civil et ont prétendu l'améliorer, ils auraient dû tout au moins appeler l'attention du Sénat et de la Chambre sur le changement qu'ils se proposaient de faire, et en montrer les avantages, s'ils existent.

Mais pendant les si longues discussions auxquelles la loi nouvelle a donné lieu, on n'a jamais trouvé un instant pour se préoccuper de ce point qui a son importance. On a fait ce grave changement sans en signaler les motifs ni en rechercher les conséquences, sans même s'en douter.

Et il ne s'est trouvé personne pour faire observer que si l'on jugeait bon d'insérer dans l'art. 311 des dispositions modifiant les règles relatives aux effets de la séparation de corps qui étaient contenues aux art. 1449 et 1451, logiquement, les autres dispositions

analogues contenues dans les articles voisins, par exemple dans
l'art. 1452, auraient dû être aussi transportées dans le même
art. 311 ou dans des articles du même chapitre.

D'ailleurs, n'eût-il pas été bien préférable de respecter la méthode adoptée dans le Code civil, et puisqu'on voulait modifier
des points résolus par les art. 1449 et 1451, n'était-il pas très
simple de modifier ces articles eux-mêmes, au lieu d'allonger
d'une façon interminable l'art. 311 ?

Par ce manque de méthode, le législateur a été amené à com-
mettre une inadvertance singulière. En effet, pendant toute la
discussion de la loi nouvelle, son attention ayant été portée uniquement sur l'art. 311, il a perdu complétement de vue les articles 1449 et 1451 du Code civil, où sont précisément traitées les
questions de la capacité civile de la femme en cas de séparation
de corps et en cas de reprise de la vie commune dont il a encom-
bré l'art. 311, et il ne s'est pas aperçu qu'il était de toute nécessité de modifier les dispositions des art. 1449 et 1451 du Code
civil pour les mettre d'accord avec celles du nouvel art. 311.

L'art. 1449 est ainsi conçu : « La femme séparée soit de corps
« et de biens, soit de biens seulement, en reprend la libre admi-
« nistration, elle peut disposer etc., elle ne peut aliéner ses im-
« meubles sans le consentement de son mari ou sans être autori-
« sée de justice à son refus. »

Il fallait, de toute nécessité, comme conséquence des innovations
contenues aux 3e et 4e alinéas du nouvel art. 311, supprimer dans
cet art. 1449 les mots « la femme séparée soit de corps et de
biens soit de biens seulement » et les remplacer par ceux-ci « la
femme séparée de biens seulement et la femme précédemment
séparée de corps, qui aura déclaré reprendre la vie commune en se
conformant aux prescriptions de l'art. 311. »

Cette modification n'étant pas faite, nous avons deux textes
contradictoires : la capacité de la femme séparée de corps se trouve
réglée à la fois dans deux articles placés dans deux chapitres distincts, dans le nouvel art. 311 et dans l'art. 1449, et cela d'une
façon diamétralement opposée!

De même, le 3e alinéa du nouvel art. 311 nécessitait une modification de l'art. 1451 qui règle tout différemment les effets de

la reprise de la vie commune lorsqu'elle est dûment constatée. Et si, comme nous le pensons, la disposition du 3e alinéa de l'art. 311 est impérative, il fallait limiter les dispositions de l'art. 1451 à la femme séparée de biens seulement, et supprimer de cet article les mots « soit de corps et de biens, soit ». De toute façon, quelle que soit la portée exacte du 3e alinéa de l'art. 1311, une modification de l'art. 1451 s'imposait.

L'art. 6 de la loi nouvelle dit bien « les dispositions contraires à la présente loi sont abrogées », mais n'eût-il pas été préférable de réviser le texte des quelques articles du Code qui se trouvent profondément modifiés par la loi nouvelle? Faute d'avoir procédé de la sorte, nous voyons se produire une antinomie, sinon réelle, tout au moins apparente et qui pourra être fort gênante par la suite.

Cette contradiction des textes est d'autant plus grave que la loi nouvelle se trouve insérée dans des articles du Code civil. On aura, dans la suite des temps, un effort de mémoire et d'attention à faire pour s'apercevoir que l'art. 311, ayant été modifié à la date du 6 février 1893, doit recevoir son application à l'encontre des art. 1449 et 1451 qui présentent des dispositions absolument contraires, mais d'une date antérieure.

Cela n'est pas fait pour rendre le Code civil d'une lecture bien claire et bien agréable, ni pour faciliter la tâche de ceux qui sont obligés de s'en servir journellement.

Espérons qu'un tel précédent ne sera pas suivi et que pour les nouvelles lois en ce moment à l'étude, nos législateurs voudront bien laisser chaque chose à sa place et éviter toute contradiction et toute incohérence.

En résumé, après la lecture attentive de la loi du 6 février 1893, voici quelques faits importants à noter :

La femme séparée de corps a un domicile légal distinct de celui de son mari.

La femme divorcée reprend son nom de famille.

Quant à la femme séparée de corps elle conserve le nom de son mari; toutefois un jugement peut lui interdire l'usage de ce nom ou l'autoriser à s'en défaire.

La femme séparée de corps a pleine capacité civile.

Nous regrettons que l'art. 1304 n'ait pas été modifié.

Nous devons considérer que la dotalité à laquelle la femme séparée de corps pouvait être soumise par son contrat de mariage subsiste après la séparation.

Nous ne savons si la femme dotale qui a été séparée de corps est dispensée de l'autorisation maritale lorsqu'il s'agit d'aliéner un bien dotal dans l'un des cas prévus par les art. 1555 et suivants.

Ces deux derniers points, surtout le dernier, resteront douteux jusqu'à ce que la jurisprudence vienne les trancher.

L'acte qui constate la réconciliation des époux séparés de corps doit à l'avenir être suivi d'une publicité spéciale, publicité qui n'est pas exigée dans le cas de rétablissement de la communauté entre époux séparés de biens : on se demande pourquoi.

Dans le cas de cessation de la séparation de corps dûment constatée, le nouveau régime de mariage applicable (facultativement d'après plusieurs, obligatoirement d'après nous) est celui de l'art. 1449, ce qui constitue un changement de régime au cours du mariage, tandis que, dans le cas de cessation de la séparation de biens dûment constatée, le seul régime applicable est, comme autrefois, celui adopté lors du mariage.

Il n'est pas aisé d'expliquer ce bouleversement des principes, contentons-nous d'en prendre note.

Le point de savoir si le régime de l'art. 1449 est facultatif ou obligatoire en cas de réconciliation dûment constatée des époux séparés de corps paraît être douteux. A notre avis, le régime de l'art. 1449 est obligatoire dans ce cas.

Enfin nous avons à indiquer en marge des art. 1449 et 1451 que désormais ils ne peuvent s'appliquer qu'en tant qu'ils ne sont pas contraires au nouveau texte de l'art. 311.

Louis THIÉNOT,

Principal clerc de Me Laverne, notaire à Paris.

Paris. — Imp. F. Pichon, 282, rue Saint-Jacques, et 24, rue Soufflot.